백만장자가 된 사나이

정 신 재 시집

백만장자가 된 사나이

정 신 재 시집

신아출판사

정신재 시집

백만장자가 된 사나이

인 쇄	2023년 7월 27일
발 행	2023년 7월 31일
지은이	정신재
발행인	서정환
펴낸곳	신아출판사
주 소	전라북도 전주시 완산구 공북1길 16 (태평동 251-30)
전 화	(063) 275-4000 · 0484 · 6374
팩 스	(063) 274-3131
이메일	sina321@hanmail.net
출판등록	제465-1984-000004호

저작권자 ⓒ 2023, 정신재
이 책의 저작권은 저자에게 있습니다. 서면에 의한 저자의 허락없이
내용의 일부를 인용하거나 발췌하는 것을 금합니다.
COPYRIGHT ⓒ 2023, by Jung Shinjae
All right reserved including the rights of reproduction in whole or in
part in any form.
저자와 협의, 인지는 생략합니다.
잘못된 책은 바꿔 드립니다.

ISBN 979-11-93055-65-6 (04810)
ISBN 979-11-93055-53-3 (세트)
정가13,000원

※본 작품집은 남촌상생협동조합 출범기념 일부 출판지원금으로 제작되었습니다.
Printed in KOREA

시인의 말

시적 화자가 되어 40년간 '머나먼 섬'을 찾아왔다.
섬이 먼 데 있는 줄 알았는데,
어느새 내 안에서
당신의 사랑을 받으며
자라고 있었다.
당신과 함께 내일의 열매를 기다린다.

2023년 여름
청량산 아래에서

| 목 차

시인의 말

제1부 가난한 자의 독백

문을 두드리라	10
오늘	11
신도시	12
기도의 여행	13
한파	14
사과나무	15
청보리	16
괴롭힘당하다	17
가난한 자의 독백	18
풀뽑기	19

제2부 내가 그대를 만나지 않는 것은

내가 그대를 만나지 않는 것은	22
어시장	23
낙조	24
우리들의 교육	25
모빌	26
비 오는 날의 오후	27
숲의 저편	28
행궁을 떠나며	29
산 아래	30
노년	31

제3부 백만장자가 된 사나이

바다의 무게	34
고등어	35
머나먼 섬 · 1	36
머나먼 섬 · 2	37
내 안의 섬	38
돛단배 타고서	39
백만 장자가 된 사나이	40
고드름	41
팽이	42
갈대	43

제4부 몰타섬에서

서울에 온 바울	46
몰타섬에서	47
동행	48
가난은 무죄	49
사랑이란	50
행복한 진료	51
지금 현재 여기	52
나에게 남아 있는 것	53
옷걸이	54
내리 사랑	55

제5부 탈경계의 노래

미인 앞에서	58
탈경계의 노래	59
할로윈 데이	60
공부 자랑	61
우정	62
배려	63
실연	64
열정이 필요해	66
가장의 역할	67
수염의 진실	68

제6부 사랑하게 하소서

사랑하게 하소서	70
기도	71
사랑의 파도	72
천국	73
청지기론論	74
돌고 도는 세상	75
비단 구두	76
숙제 검사	78
어버이날	79
모델 라인	80

평론 탈경계의 담론   82

제1부　　**가난한 자의 독백**

문을 두드리라

나무와 나무 사이에는
햇살이 들어앉을 여유가 있다.

나무와 풀꽃 사이에는
바람이 스쳐갈 기운이 있다.

흙과 흙 사이에는
물이 흘러갈 틈이 있다.

그래서 우리는 틈을 안고 산다.

오늘

산길이 험하다
우람한 산등성이에 갇힌 좁은 길
어제의 수치가 저만치 걸어간다
홀로 걸어가는 길이 아니기에
수백 년 된 은행나무 앞에서
뿌리를 딛고 또 딛는다
이만오천 명의 식량이 바닥나고
굵은 우박이 쏟아지는 가운데
임금은 홀로 제삿상 앞에 서서
울고 또 울고
성밖의 백성들 죽어간다 하니
잠시 이마를 땅에 대기로 한다
수난이 있기에 찾게 된 사랑과
고난을 뚫고 오르는 의지로
험한 산길 오른다
어제 같은 오늘에

신도시

남들은 땅 팔아서 부자 되었다고 수근대지만
부모가 물려 준 땅을 잃고
나그네 되어
신도시 주변을 서성거린다.

저 햇살 한 줌, 바람 한 점에도
조상의 정성이 깃든 풍경이
젊은이의 어깨춤과 함께
광장을 걸어간다.

기도의 여행

골목길을 햇살따라 가는데
어머니가 대문간에서 기도하신다
긴 골목길에 내비친 여백을 따라
기도가 따라온다
산마루 아래로 펼쳐진 길 위로
기도가 정감을 뚝뚝 떨어뜨린다
가을의 스산한 바람이 가슴을 스산하게 해도
사랑에 젖은 기도가 어깨를 감싸며
오늘 하루를 살게 한다.

한파

영하 17도의 강추위다
새벽마다 세차해 온 어머니
바케츠에 더운 물 길어다
아들의 차를 닦고 또 닦는다
한파가 차창에 두터운 어름을 덧칠해도
어머니 닦고 또 닦는다
아들이 깨기 전 지쳐 가는 몸
콩닥콩닥 뛰는 심장과 함께
아들이 출근하기 전
성애를 지워내야 하기에
닦고 또 닦는다
사탄이 아들의 소망을 막기 전에
간절히 빈다
두 손 모아 빈다

사과나무

수많은 습작이 길가에 떨어진다
가지치기가 안 되어서였나
작고 떫은 나무의 열매가 된다

내년 봄을 기다리며
가지치기 준비하라는
저 햇살의 따끔한 충고

청보리

망가짐도 때론 웃음이 되어
싱싱한 청춘으로 일어서는 거야
실수도 때론 웃음이 되어
하늘처럼 꿋꿋이 일어서는 거야
웃음으로 키워 준 당신이 있어
때론 작은 소리로 넘기는 거야

괴롭힘당하다

소년이 괴롭힘을 당했다. 이슬과 바람이 그의 고민을 대신 전해 주었다.

이슬이 말했다.
중간고사 날 뒤에서 찔러대는 연필 있었다. 답안지를 보여 달라는 소리. 그러나 꿋꿋이 시험을 치렀다. 시험이 끝나고 뺨을 때리는 주먹 있었다. 친구도 아닌 아이가 말했다. 친구 사이에 그것도 안 보여줘. 아이는 하학 후 하늘을 쳐다봤다. 구름이 어디론가 무심코 흘러갔다. 아버지는 고기 잡으러 갔고 엄마는 장사하러 갔다.

바람이 말했다. 그의 뒤에 떡대가 앉았다. 수업 시간에 잠만 자는 떡대. 그는 아이에게 꿋꿋이 앉으라 했다. 아이는 허리를 꿋꿋이 폈다. 허리가 아파도 꿋꿋이 폈다. 그러지 않으면 떡대가 괴롭혔다. 꼬맹이를 시켜 싸움 걸게 하고 장작 패듯 팼다. 아이는 집에 가도 가족이 없었다. 생업에 바쁜 부모님과 타향에 있는 형제들. 빈 집에 강아지마저 도둑이 훔쳐갔다. 아이는 외로움을 견뎌야 했다.

이슬과 바람만이 소년의 과거를 알고 있다. 흑흑.

가난한 자의 독백

이문동 이사 온 날
어깨 처진 사내들이
사글세방 묻고 가며
전동차의 꽁무니에
정을 뚝뚝 떼어 놓고

저물면 된장국 냄새
골목을 기웃거리고
빈 박스 찾는 고물 장수의
하루가 녹아드는 낮은 자리의 양옥집에
또 하루가 저무는데

설움을 삼킨 고요
산그늘에 잠이 들고
역을 통과하는 불빛 머문 화물차 위로
하늘 저편에 뜨는 별빛 하나
꿈처럼 와서 머문다네

풀뽑기

마당의 채송화를 키우기 위해서는
그 옆의 잡초를 제거해야 한다.

꽃밭의 개망초가 자라기 위해서는
그 옆의 잡풀을 제거해야 한다.

담쟁이와 호박이 제대로 자라기 위해서는
내 안에 굵은 기둥 세워야 한다.

하던 일을 마저 성취하기 위해서는
내 안의 절망을 버려야 한다.

백만장자가 된 사나이

제2부 **내가 그대를 만나지 않는 것은**

내가 그대를 만나지 않는 것은

내가 그대를 만나지 않는 것은
그대가 미워서가 아니라,
너무도 사랑하기 때문이라오

먼 훗날 시커먼 폭풍우 물러갈 때
푸른 잔디밭에서 당신을 기다리는 꿈을
져버리지 않기 위해서라오

내가 그대를 만나지 않는 것은
그대가 싫어서가 아니라,
고운 이불 아래 고이 싸서
어둠 지나 다가올 풀잎 위의 이슬같은
당신을 보기 위해서라오

부디 나를 버리지 마시어요
비 오는 날 창가에 서서
주룩주룩 내리는 빗방울 보며
당신께 향한 마음 여기 있음을
잊지 마시어요

어시장

만선을 알리는 뱃고동 소리 들리고
포구로 들어오는 작은 배 하나
밀려오고 밀려가는 사람들 사이에
등푸른 생선들 함지박에 옮겨지고
자연을 묻혀온 생물 하나하나에
상인들 고객 부르는 레테르를 붙이고
세상 물정 모르는 흑두루미 한 마리
실루엣으로 다가선 그리움으로
밀물처럼 왔다가 빠져나가며
당신의 외로움에 살짝 기대 봅니다.

낙조

저물도록 조개를 캐며
모래집 짓고 기다렸어
비단 자락 된 개펄 진흙 위로
무희들의 반란 펼치는 저 노을처럼
물과 뭍의 접전에
개펄이 춤을 춘다
하늘같은 마음으로 기다린다
새까만 어둠이 내리기 전에

우리들의 교육

아이야 아이야 뭐 하니
공부한다
공부는 해서 뭐 하니
시험 보고 성적 받는다
시험 보고 성적 받아서 뭐 하니
대학에 가고 취업을 한다
대학에 가고 취업해서 뭐 하니
돈 벌고 사회에 기여한다
돈 벌고 사회에 기여해서 뭐 하니
이 바보야, 그것도 몰라
박제가 된 천재를 만들려고 그러지.

모빌

　모빌이 돌아가는 아가의 방. 달팽이 모양의 우산이 돌아가고, 황금같은 시간을 사는 어린 생명. 우산이 웃으며 말한다. 우리 아가 행복하게 살았으면 좋겠다. 우산이 눈물 흘리며 말한다. 우리 아가 사랑받았으면 좋겠다.

　모빌이 돌아가는 아가의 방. 달팽이 모양의 우산이 어린 생명 지킨다. 우리 아가 그저 아가로 살았으면 좋겠다. 그 말을 듣는 작은 우산이 고개를 끄덕인다. 모빌이 빙글빙글 돌아간다.

비 오는 날의 오후

열차처럼 줄지어 서 있는 노오란 버스에 비가 내리고, 노오란 옷 입은 아이들이 맑게 갠다는 예보를 따라간다.

버스는 버스는 뭐 하니. 길을 달리고 사람 싣는다. 길은 달리고 사람은 실어서 뭐 하니. 목적지에 도착하고 내려준다. 목적지에 도착하고 내려주면 뭐 하니. 다시 길을 달리고 사람을 싣는다.

새는 새장에서 자라고, 아이들은 교실에서 지린다. 비오는 날의 오후 아이들은 모두 같은 방향으로 간다. 아이들은 모두 같은 꿈을 꾼다.

숲의 저편

임금은 47일 동안 행궁에 머물고 지쳐 돌아오는 병사들 품에 안으니 달빛이 후박나무 위로 내려앉는다.

의로움을 품은 자에게 열리는 숲의 저편에 거룩한 백성을 품은 별빛 내려와 영원으로 가는 물안개 즈려 밟느니.

너를 향해 가는 시간이 굶주린 백성들 품에 안으니 달빛이 네 미소를 닮아가노라.

의로움을 품은 자에게 열리는 숲의 저편에 거룩한 백성을 품은 아랑이 물안개 속에서 널 부르는 거다.

행궁을 떠나며

행궁은 비어 있다. 구름처럼 떠나간 사람들 어디 있는가. 명분과 실리를 오가는 논쟁이 뜰에 낙화처럼 흐르는구나.

한때의 '충효'는 사어死語가 되어 저 산들바람과 함께 가라앉았다. 내일이면 또다시 출발하는 역사의 흔적에 푸른 시상을 얹는구나.

행궁은 비어 있다. 구름처럼 떠나간 사람들 죽음 딛고 끈기로 일어선 사랑이 뜰에 바람 되어 흐르는구나.

지나간 전설이 내일이면 또다시 만날 수 있는 희망에 부풀어 푸른 세상을 담아 보내는구나.

산 아래

큰 산 아래 조가비처럼 늘어선 집들과
생계를 짊어진 자들의 언어로 이뤄진
성곽 아래 도시에는
멀고도 가까운 탑이 있어
다시 오백 년을 기다리는 것이다.

노년

천 년을 가꿔 온 혼이다
오백 년을 흘러온 설레임이다
지나온 과거를 삼키고
일상에 매달린 저 축복에
멍석을 깔고 노래하고픈 노년이 있어
비혼족을 넘어 이어진 생명줄에
어설픈 푸념을 내려놓고
사랑의 열매를 달고 다는 것이다

백만장자가 된 사나이

제3부 백만장자가 된 사나이

바다의 무게

해풍을 맞는다.
개펄을 건너온 비린내를 맡으며 산다.
흔적은 참치로 이어지고
두터운 살 아래에 바다의 무게가 실려 있다.

어디를 가나 튀어나오는 텃세와 갑질에
바다같은 마음으로 묵묵히 기다릴 때
겸손과 온유가 자라는 것이다.
당신이 하늘같은 사랑으로 만물을 보는 것이다.

고등어

고등어가 바다를 떠났다.
바다에서 묻혀온 흔적을 찾아야겠다.
커다란 어항이 있는 횟집 앞에서
고등어찜이 되어 냄새를 잃어버렸나?
해풍이 저렇게 비린내를 실어오는데
바다에 남겨진 새끼들을 어찌할까.
갈매기가 바람에 실어 보내온 짠 맛에
고등어는 고향의 맛을
밤새도록 찾는다.

머나먼 섬·1

머나먼 섬
아지랑이 피어오르고
물안개 살랑거리는 섬
육지와 멀리 떨어져
분지에 담아 놓은 빗물로
생명수를 낳고 낳는 섬
평화를 사랑하는 사람들 모여
사랑을 나누자 우리

머나먼 섬·2

당신이 주신 상처이기에
기다리고 기다립니다
어차피 거쳐야 할 아픔이기에
닦고 또 닦습니다
당신과의 동행이기에
오늘의 연단은 축복입니다.

내 안의 섬

다윗이 배꼽을 드러내 놓고 당신앞에 서듯
당신께 드렸습니다.
에스더가 죽을 각오를 하고 왕 앞에 미모를 보이듯
닦고 다듬어 당신께 드렸습니다.
당신의 뜻이 되도록 거룩함을 이루어
당신께 다가갑니다.
비록 머나먼 섬이지만
은혜와 축복이 펄럭입니다.

돛단배 타고서

길가의 풀잎이 온몸에 분칠을 할 때
벽난로 함께 놓인 따뜻한 온돌방에
옛 이야기로 정감의 밭 매면서
무릎에 앉힌 손자 앞에
백 년 된 씨앗을 꺼내서는
종이배에 넣어 보내는 늦가을 오후
머나먼 섬 향한 꿈을 나누면서
정(情)과 정(政)의 노를 저어본다.

백만 장자가 된 사나이

꽃이 잠시 숨을 고르지만은
아주 죽은 게 아니야
바람이 잠시 숲을 떠나지만
아주 떠난 건 아니야
대나무 마디 마디 기어오르는
저 고독한 성장처럼
나 여기 잠시 나무에 기대어
햇살처럼 찾아올 당신을 기다릴 거야
백만 장자가 될 거야
저 화사한 풍경을 좀 보아

고드름

거꾸로 매달려 살아 왔어
아래로만 달리는 청렴이었어
세상 물정 모르는 염치를 달아 놓고
외로움으로 견디는 끈기가 있어
굳은 살이 박히도록 기다리는 거야

팽이

팽이를 친다. 채로 칠수록 팽이가 꼿꼿이 선다. 막대기 들고 전쟁 놀이하는 아이들 앞에서 차렷 열중쉬엇 차렷 열중쉬엇. 어깨 힘이 자라고 자라 나무 끝에 달린 열매를 따려 한다. 꼬맹이들이 허리 굽힌다.

아이가 놀고 싶다. 팽이를 돌리다가 막대기를 휘두른다. 꼬맹이들과 뛰어다니는 것이 좋다. 바람 불면 꽃들이 날린다. 때론 낙화 되어 흩날릴 때도 있지만 팽이처럼 꼿꼿이 일어서는 거다.

갈대

바람 불어 흔들릴 때도 있다
비에 젖어 내려앉을 때도 있다
이제는 주워 담지 못하는 씨앗
언젠가는 피어날 결실을 위해
땅에 붙어 사는 끈질김으로
때론 기나긴 밤을 지나야 하지만
새롭게 돋아난 새싹이 있어
나무처럼 든든히 서는 거다

백만장자가 된 사나이

제4부 **몰타섬에서**

서울에 온 바울

바울이 서울에 왔다.
분란과 텃세와 갑질이
할례자와 무할례자의 식사를 비아냥거린다.
예루살렘에서 율례를 잘 지키는지 조사하러 오고
바울이 예루살렘에 가서 말한다
할례자와 무할례자, 유대인 개종자와 이방인 성도,
상전과 노예가 동등하다.
이방인의 제삿상에 놓인 고기를 먹지 않으면 된다
바울이 구제 헌금을 들고 예루살렘에 가서
이방인 성도들 데리고 나실인의 의식*을 치르려 하자
예배하러 온 유대인이 떠들어댄다
이방인과 함께 바울이 식사했다고
율법의 노예가 된 군중의 분노로
죄수 된 바울이 로마에 가서 복음을 전했다.
바울의 서신이 서울에 왔다.
당신의 형상을 이루기 위해.

---

* 이방인도 유대인과 같은 대우를 받을 수 있도록 성전에서 치르는 의식.

몰타섬에서

나는 너무 멀리 와 있다
그 옛날 소년이었을 적부터
조그만 실수를 용서하셨던 어머니와
민주화의 외침 앞에서 권위를 잃어버린 아버지와
큰 산으로 버텨온 고향 산천과
어느새 먼 과거가 되어 버린 청춘마저도
바다 건너 이국땅으로 가 버리고
내일이면 건너올 로마를 향해
다시 돛을 올리는 거다

동행

삭신이 마르도록 아픈 통증에
정처 모르고 찾는 바람과 함께
몇 번이나 썼다 지우는 이 반복은
치매를 단속하기 위한
나만의 외로운 작업
자꾸만 되뇌이는 큰 산 앞에서
작은 섬 하나 너른 바다에 떠 있는 건
당신이 동행한다는 확실한 증거

가난은 무죄

김여사가 정과장에게 말한다.
"당신도 제발 생산적인 일을 해 봐욧"
"땅에 투자하는 게 생산적인 일이야?"
나는 요즘 공부를 안 하고 있어.
책상 앞에 앉아 멀건히 벽만 바라보다가,
서너 시간 후 컴퓨터 앞에 앉아 뭔가를 끄적여.
"제발, 움직여요. 무브. 산에라도 다녀와욧."
헌데 이놈의 베스트셀러는 왜 안 나오는 거냐.
그게 나와야 아내 콧대를 팍 꺾어 놓는 건데.
"여보, 우리 해외 여행 한 번 갈까?"
"마음에도 없는 소리 하지도 마. 꿈같은 소리 허고 자빠졌네."

사랑이란

언제부터였나
순수와 열정을 걸망에 짊어지고
바람결 따라 창작의 혼불 피우고
우리들의 물안개 찾아나서는
저 희미한 돌탑을 지나
정감의 마당으로 가는 나만의 여행
"그렇게 노닥거리면 용돈을 십오만 원 깎을 거야."
"뭔 소리야. 작품 구상하고 있는데."
"집안 청소는 누가 해야 하는데?"
주여! 당신의 사랑을
내 안에 온전히
이루소서.

행복한 진료

김박사는 70년대 S대 수석 입학으로 소문나 있다.
그의 진료는 오전 10시에 시작된다.
남편의 혈액 수치를 확인한 의사의 가운에
아이스크림이 어른거린다.
"아내가 아이스크림을 못 먹게 하는데,
먹어도 되는 거죠?"
"그럼요. 적당히만 먹으면 괜찮아요."
김여사가 고개를 숙인다. 기고만장해진 남편.
"요즘 들어 갑자기 혈압이 150 이상으로
높아지는 건 왜 그러지요?"
"스트레스를 받으면 그렇게 될 수가 있어요."
주여! 당신의 사랑으로
내 안을 다스리소서.

지금 현재 여기

소망이 무너질 때
당신을 보았습니다
십자가 위에서 왜 나를 버리셨나이까를 외치던 절망이
나의 꿈을 못박았습니다
저 숲을 관통하던 바람과 함께
제자들 찾아나선 당신을 보았습니다

죽음 앞에서 방책이 없는 나
당신과의 동행을 기대해 봅니다
40년간 써 온 편지를
바람에 실어 떠나보냅니다

지금 이 순간
나같은 몸을 위해
사과나무 향기 맡는 자유를 주신
당신의 영원을 기억합니다

나에게 남아 있는 것

섬에 와서야 알았다.
도시의 먼지가 썰물처럼 빠져나갈 수 있음을
약수터에 앉아서 알았다.
내 몸에 더러운 냄새가 배어 있음을
섬에 와서야 알았다.
아직도 내게 황금이 남아 있음을.
상처를 어루만지며
나를 연단시킬 사랑이 남아 있음을
섬에 와서야 알았다.

옷걸이

딸아이가 남기고 간 흔적
대를 이어 취향 닮은 하얀 옷들 걸리고
행복한 나들이를 위해 도열한 저 삶의 궤적 앞에
情 한 톨 남아 있어
살려 달라는 수신호를 보낸다.

내리 사랑

바다 건너엔 이웃과 행복을 나누는 사람들이 산다.
"아빠, 지인들한테 밥 좀 사세요."
딸아이가 카드를 내민다.
"고맙다."
말없는 아빠가 동호회 회원들에게 밥을 산다.
내 안의 당신께 있는 현금 카드였다.

백만장자가 된 사나이

제5부　**탈경계의 노래**

미인 앞에서

　Y교회에서 박권사 부부는 늘 붙어다닌다. 예배가 끝나고 박권사가 식당에서 미모의 아내와 마주앉아 밥을 먹는다. 정과장이 식판을 들고 그들 옆에 와 앉는다. 박권사가 교회에 등록한 지 얼마 안 되니까 친근해지려고 그러는가 보다.
"여자가 오십을 넘으면
다 그 얼굴이 그 얼굴이더라고요."
누구 염장지를 일 있나.
"구약에 나오는 에스더가
죽을 각오로 왕 앞에서 자신의 미모를 보인 것은
주님이 그렇게 인도해서라고 생각해요."
박권사가 한 마디 거든다.
"정과장. 좀 현실적으로 살아요.
저는 제 의지로 사랑하는 사람에게 고백을 해서
결혼에 성공하였지요."
미인 앞에선 생각이 서로 다르다.

탈경계의 노래

서울과 뉴욕 사이의 거리는 멀다
뉴욕의 거리에도 광대가 있어
도시를 가로지르는 이층버스 앞에서
빛과 어두움의 경계에서
청바지를 입고 춤추는 무용수가 있다.

차창에 비치는 춤솜씨에
천장에서 흘러내린 감탄사 하나
일상과 예술이 어우러진 밤거리에
우리들의 연극이 끝나갈 즈음
못다 한 청춘을 정적에 맡겨 놓고
검고 푸른 하늘 아래
일상과의 경계를 넘어서는 꿈을 찾는다.

할로윈 데이

내 안의 어스름 몰아내려고
빛과 어두움을 오가는 사이
스무 칸의 화차가 지나간 철길 옆에
불빛 새어나오는 호박을 내걸고
마귀 할멈 복장을 한 아이들과
이민 온 부부의 어깨 위엔
등푸른 사탕을 꺼내 놓고
이국땅에 내려놓은 등골이
오늘만은 잠시
"trick or treat"을 되뇌어 본다
오늘 밤엔 인정 담은 이야기가
술술 풀리려는지
고요한 숲에 새끼들 데리고 지나가는
노루 세 마리
있다

공부 자랑

팔짱끼고 가는 남녀를 뒤쫓아 가며 연애한다고 흉보던 시절, 어느 소도시 두 칸 방에서 누나들과 자취를 한다. 형이 여자 친구를 데려왔다. 건넌방에서 긴한 사랑 나눈다. 아이는 형이 들으라고 수학 공식을 밤새워 소리내어 외운다. 미안해. 공부 자랑하려고 그랬어.

우정

순돌이 아버지가 간암에 걸렸다
배가 빨간 개구리 먹으면 낫는대
아이는 순돌이와 산과 계곡을 샅샅이 뒤졌다
배가 빠알간 개구리를 전한다.
순돌이가 고맙다며 의리를 챙긴다
어깨 동무하고 놀이터에 간다
멍석을 깔고 아이들이 씨름을 한다
얘들아, 너희들도 한 번 해 봐라
까까머리 중학생이 살살 꼬드긴다
우린 친구라 싸우면 안 돼요
아이들이 박수치며 씨름하라 한다
이러면 안 되는데 하면서
아이와 순돌이가 서로 허리춤을 잡는다
순돌이는 그냥 잡는 시늉만 한다
아이는 그것도 모르고
평소 형이 가르쳐 준 유도 기술로 젖힌다
순돌이가 멍석 위에 발라당 넘어진다
순돌이가 울면서 집으로 내달린다
순돌아 미안해

배려

옛날 아주 먼 옛날
귀신 씨나락 까먹는 소리 들리던 시절
나무와 나무는 서로 살을 비벼 대었어
형은 세상에서 제일 이쁜 소녀를 좋아했어
아이에게 연애 편지 전하라는 순서가 주어졌어
풍남동에 있는 오백 년 된 은행나무 아래
소녀의 집 앞에서 기웃거릴 때
퇴근하던 아저씨에게 뒷덜미를 잡혔어
형이 청이 누나한테 편지를 전하라 해서요
난 도둑인 줄 알았제 내가 전해 줄테니 가라
고맙습니다
인사를 꾸벅하고 돌아왔을 때
형이 마냥 화를 내었어
들키지 말았어야제 동네방네 소문 다 나겠네
노오란 원피스에 예쁜 머리띠를 한 소녀가 왔어
형은 반색하며 아이에게 빵을 사 오라 하고
바람처럼 다녀온 아이의 심부름에도
형은 방문을 꽝 닫아 버렸어
배려가 저 혼자 크고 있어

실연

사랑하는 이 있었어. 예쁜 세라복 입은 여학생. 그러나 결혼하기에는 아직 어려. 기다리고 기다렸어. 그녀가 대학생이 되어도 아직 청혼하기에는 이른 나이. 그래도 설레는 마음 견딜 수 없었어. 쿵덕쿵덕 뛰는 마음으로 한가위 보름달 뜰 때를 기다렸어. 설탕 한 포대 사 들고 그녀가 사는 집에 찾아갔어. 그녀는 송편 빚느라 나오지 않고, 예비 장인 반가이 맞아주기에, 선물만 전하고 나왔어. 뒤통수가 웬지 따끔거렸어. 열 번 찍어 안 넘어가는 나무 없어. 그녀가 반주하는 교회에 때마침 지휘자를 선발하였어. 카라얀 포즈로 오디션을 통과했어. 한 시간을 눈 감고 지휘하는 그 모습에 안 반하는 여자 있으면 나와 보라 해. 그녀 옆에 바짝 서게 되었어.

그녀 옆에만 서면 얼굴이 홍당무 되었어. 말없는 반푼이가 되었어. 맘에 드는 여자 앞에선 다 그런다 하데. 혼자서 끙끙 앓고 바라만 봤어.

어느 가을날 그녀가 약혼했다고 무리 앞에서 갑자기 선언하기에, 이 무슨 황당한 소리냐며 집에 달려가, 상사병을 일 년 앓은 후에 서둘러 다른 여자와 결혼하였어. 신혼 생활이 무뎌 가던 어느 날 저녁이었어. 그녀를 잘 아는 지인이 찾아와 말했어. 그녀가 자신에게 구애하는 다른 남자 물리치려고 무리 앞에서 약혼했다고 구라를 쳤대.

열정이 필요해

　내게도 사랑이 생겼나 봐. 시속 140킬로미터로 고속도로 달렸어. 교통순경한텐 미안해. 눈발과 바람과 빙판을 뚫고 가야 했어. 내 열정을 당신 앞에 토해내야 했어. 그리움의 속도라고 생각해 줘.
　사나운 바람 불고 눈발이 차창을 긁어대었어. 영하 17도의 강추위래. 몇 차례 빙판길 위 달리다 죽을 고비를 넘겨, 위병소 헌병에게 자정에 오게 된 사연을 얘기하고는 당신을 만났어. 근데 엉뚱한 대답이 들려왔어. 삼일 후면 만나는데 왜 왔냐는 속절없는 물음, 동짓달 밤하늘엔 구름만 잔뜩 끼어 있었어. 그녀의 짜증 섞인 투정 안으로 받아내며, 둘이서 챙기는 외출이었어. 머쓱한 사내는 그녀 뒤를 따르고, 그 날 따라 지방 축제 인파가 붐벼, 호텔방은 만원이었어. 시내에서 한참 떨어진 호롱불 모양의 오두막에서 단꿈을 꾸어야 했어.
　초승달 모양의 꿈을 키우고, 정확한 달수 맞춰 태어난 아이, 예쁜 아가 손이 빈 하늘 젓고, 가족 되어 삼십 년의 세월을 흘려보냈어. 사랑은 대물림하는가 봐. 아이는 자라서 아이를 낳고 또 낳았어.

가장의 역할

 멋진 아빠가 되어야 했어. 기계치가 아닌 가장으로 살고 싶었어. 여행을 갔어 가족과 함께. 예쁜 차에 가족 태우고 트렁크에 맛난 과일 가득 채웠어. 아이들은 신나게 떠들어대고, 행복했어. 멋진 아빠가 되고 싶었어. 한여름 더위를 뚫고 차가 도심을 지나갔어. 목적지를 한 블록 앞에 두고, 펑 소리와 함께 타이어가 펑크 났어. 길가에 차를 세우고, 아이들을 안심시켰어. 공구함에서 작키를 꺼내 차를 들어올렸어. 트렁크에서 흙먼지 묻은 타이어를 꺼냈어. 평소에 듣던 기계치 소리를 안 들으려고. 아내를 돌아보았어. 칭찬해줄 줄 알았는데, 아내가 화를 내었어. "더워 죽겠으니 빨리 좀 해." 그렇게 땀 흘리며 열심히 갈아끼웠어.

 그런데 문제가 생겼어. 이제 막 차에 올라타려는데, 차가 다시 내려앉았어. 펑크난 타이어를 또 갈아끼웠나 봐. 나, 어정쩡하게 서서 머리를 긁고, "당신 하는 일이 늘 이런 식이지, 뭐." 라는 아내의 말. 그녀가 아이들과 택시 타고 가 버렸어. 나만 홀로 그 자리에 남겨 두고. 빈 하늘에 구름이 흘러갔어.

수염의 진실

지혜의 부족함을 메꾸기 위해
무無를 갈고 갈았어.
버려야만 환해지는 언덕에
오후 세 시의 햇살이 채워졌어
콧수염이 자란 어느 날
대학 교수 면접 통보가 왔어
면도를 하고 가야 하나 고민하였어
면도를 하고 와야 한다는 관례를 깼는지
개성의 표정을 살린 나에게
면접관은 아무 말도 하지 않았어
침묵이 짜증을 부릴 즈음
햇볕이 탁자 위에 토닥거리고
발 없는 시간의 도깨비가 지나간 후
기갈 난 답장에 써 있는
이번에는 채용 못한다는 통보였어
사막에선 콧수염이 열기를 막아 준다는데
이 땅에선 콧수염이 자라지 못하게 해
나의 심층수를 찾아야겠어.
턱수염으로 받쳐야겠어.

제6부 사랑하게 하소서

사랑하게 하소서

너희 형제와 자매여,
너희는 빚진 자가 되지 말고
빚을 갚는 자가 되라
너희는 당신의 사랑에 빚진 자니
이웃을 사랑하고 너희 가족을 사랑함으로
너희가 나의 사랑을 덧입은 자임을 증명하라
사랑이 너희의 일상이 되도록 하라
너희를 자녀로 선택한 자가 말하노라

기도

내가 어렸을 적에
기도는 물고기였어

여름이면 그림자 되어
등 뒤로 따라다녔어

가을이 되면
눈 앞에서 펄펄 날았어

겨울에는 술래잡기하며 따라와서는
꼬리를 힘차게 흔들었어

사랑의 파도

흥부네 집에 박 터져 내려온 쪼가리다.
그 쪼가리로 물 떠서 사랑을 심었다.
사랑이 자라서 아내를 움직인다.
아내를 움직여 이웃을 사랑한다.
터진 박이 흐르는 물처럼
도시 사이로 떠내려 간다
대박 터져라

천국

나에게 꿈 하나 건네주고
온전한 사랑으로 성숙하다가
그리운 사람 만나
머나먼 섬으로 가는 소망은
우리에게 살아 있는 성장통

청지기론論

나에게 억만금이 있어.
딸아이에게 그걸 맡겼어.
딸아이가 그 중 지극히 일부를 도시에서 쓰고 있어.
지인들은 딸아이가 나의 딸임을 알아.
언젠가는 내가 가진 보물을 제대로 사용할 거야.
지인들도 딸아이가 그 돈을 제대로 쓸 거래.
내가 딸아이를 청지기로 맡긴 것은 잘한 일이야.
그래서 지인들이 그 날을 기다리나 봐.

돌고 도는 세상

김여사는 요즘 신이 났어. 복덕방에 자주 들러. 남편더러 자꾸만 재개발 지구 찾아다니쟤. P동에 갔더니 프리미엄만 칠억이래. 그녀가 N동에 가 보쟤. 프리미엄이 수 억이래. 프리미엄이 미쳤군. 교통이 좋긴 하더구만. 복덕방에서 노씨가 그래. 돈 없으면 P동에 가 보래. 프리미엄이 사억이면 될 거래.

정과장이 말했어.

"여보, 집이란 거주하면 되는 거지.

그렇게 돈 벌어서 뭐하게."

"애들한테 물려줘야지."

비단 구두

뜸북뜸북 뜸북새 논에서 울 때, 김여사의 목소리 톤이 높아졌어.

설거지와 빨래 훈련시킨다.

왜 이러냐, 김여사. 그전에 안 하던 짓을 하고 있어. 당신, 젊었을 때를 생각해 봐. 과일을 정성스럽게 깎아, 쟁반에 담아 당신의 이마 위에 올려 나한테 바쳤잖아. 말은 얼마나 공손했어. 내가 남저음 목소리로 "당신도 한 조각 들지 그래." 그러면 당신이 어쩔 줄 몰라 하며 좋아했었잖아. 그랬던 당신이 나한테 이럴 수가 있어. 34년 동안 직장 생활하며 가족을 위해 고생했던 나한테. "나도 직장 생활 했거든."하고 대드는 건 뭐야. 당신, 남편한테 제발 인간미 좀 보여 주면 좋겠어. 세상살이가 돈이 전부가 아니거든.

하도 답답하여 칠순을 넘긴 형님 집에 갔어. 형수씨가 대추차를 끓여 탁자 위에 놓고 갔어. 나는 멀찍이 떨어진 형수쪽을 보며 나직이 말했어. 나이 들면 여자가 기가 세 지나 봐. 형님은 뭔가를 체념한 듯 담담히 말했어.

"그건 말이야. 여성이 생리가 끝나면 남성 호르몬이

많아져서 그런 게야. 그냥 맘 편히 제수씨 말을 들어
줘라. 그게 여자를 이기는 길이야."

오늘도 김여사가 말했어.

"여봇. 시 써서 돈이 나와, 밥이 나와. 좀 나처럼 생
산적인 일을 해 봐욧."

맞다. 맞는 말이다. 남자가 나이 들어서는 무조건 김
여사 말을 잘 들어야 한다.

숙제 검사

송아지 송아지 얼룩 송아지
김여사는 남편까지 아이를 셋 키운다.
거실에서 욕실까지는 상당한 거리.
김여사의 잔소리가 이어지고

"혈압은 쟀어?"
"혈압약 먹었어?"
"산책 갔다왔어?"

"나 화장실에 있어서 못 들었는데."

"청소는 했어?"
"설거지는 했어?"
"빨래는 갰어?"

학교 종이 땡땡땡 어서 모이자
선생님이 우리를 기다리신다.

"선생님. 나, 숙제 다했어요."

어버이날

　푸른 하늘 은하수 하얀 쪽배엔. 실을 것도 많단다. 예쁜 아가도 싣고, 과자도 싣고.

　내가 너를 잘못 가르쳤구나. 세상에 돈이 다가 아닌데. 세상엔 종족 보존 본능이라는 것도 있는 건데. 그래서 세상의 인구수는 늘어나나 본데. 근데 뭐라고? 왜 아내와 자녀를 위해 돈을 벌어야 하냐고. 그게 말이 되는 소리니. 네 안에 남을 배려하는 겸손이 조금이라도 있어 봐라. 배려는 쓰면 쓸수록 자꾸 솟아나는 거야. 허튼 데 배려하지 말고, 네 가족부터 챙겨라. 어버이날, 용돈 주는 거 잊지 말고.

모델 라인

병아리떼 뽕뽕뽕 봄나들이 갈 거야. 아들은 신발 수집광이야. 가끔 크록스 신발을 열 켤레 사서 동료들에게 나누어 주기도 해. 내게도 두 켤레의 신발을 보여주었어. "별론데." 내가 시큰둥한 반응을 보였더니, 아들이 당*마켓에 싸게 팔아버렸어. 아까워라. 그 후 모난 신발 보여도 괜찮다며 고개를 끄덕였더니, 내게도 크록스 신발이 전해졌어. 그걸 신고 교회에 갔더니, 지인들이 신발이 멋지다며 칭찬을 한다. 신발장에 갇혀 있던 신발의 나들이였어.

평론

| 평 론

탈경계의 담론

1. 주체와 타자의 탈경계

　한국 사회에는 경계가 많이 자리잡고 있다. 분단의 경계, 당파간 갈등, 지역 이기주의의 난립 등이 개인의 자유와 선택에 제약을 가한다. 이와 같은 경계와 갈등은 탈경계에 대한 강력한 의지를 발동하게 한다. 이는 탈경계에 관한 담론으로 전개되는 과정에서 긍정적인 수용을 요구한다.

　첫째 잡종성이 긍정적인 방향으로 수용되어야 할 것이다. 한국 문학은 분단 현실로 말미암아 남한 문학, 북한 문학, 교포 문학 등의 경계를 형성하여 이질감을 보여 왔고, 남한 문학도 그동안 '순수 문학/민중 문학/포스트모던문학' 등의 경계를 보여 왔다. 그러나 다국적 기업의 활성화와 국가간의 경제 교류 확대, 인터넷의 발달 등은 이전의 경계를 와해시키면서 탈경계를 시도한다. 이러한 탈경계는 이질적인 것의 교류와 혼합으로 나타나는데, 이때 무조건적인 잡종성보다는 이질적인 요소간의 건전한 혼융을 가능하게 하는 건전한 대화의 방법이 모색되어야 한다는 것이다.

둘째 해체가 혼란으로 나타나기보다는 인류의 보편적 경험 양식이나 인간성에 걸맞는 원형과 연계되어야 한다는 것이다. 해체주의는 유럽과 미국에서 이성을 과신하던 기존의 합리주의 등에 반발하여 나타난 것이다. 곧 유럽이나 미국을 배경으로 하여 발전하였다는 것이다. 그들은 인간의 내면 세계에 관심을 가지던 초현실주의, 기계 문명의 현실에서 인간성을 회복하기 위한 모더니즘, 인류의 보편적 경험 양식에 관심을 가지던 구조주의 등의 터전 위에서 포스트모더니즘을 이끌어냈다. 그런데 한국 문학에서 그것들은 우리의 문학 토양에서 발달했다기보다는 서양 문학의 이론을 도입하여 문학 담론을 이끌어 내고 작품에 실험을 하는 경우가 많았다. 이를 극복하기 위해서는 인간의 보편적인 인간성이나 경험 양식에 연계된 해체, 존재의 본질을 들여다 보기 위한 해체가 요구된다는 것이다.

셋째 탈경계에 방향성이 있어야 한다는 점이다. 탈경계는 경계의 인식이 있은 후에 모색되어야 하는 것이다. 가령 미국 문학에서는 멀티미디어의 발달로 문학의 독자층 확보에 어려움을 겪게 되자 경계의 와해를 통한 멀티미디어 기법을 원용하고, 자국 중심의 문학에서 벗어나 세계화를 꾀하기 위한 전략의 하나로 주변부에 관심을 가지면서 탈경계를 도모하였다. 따라서 한국 문학의 편에서는 민족 문학과 세계 문학, 남한 문학과 북한 문학간의 경계를 와해시키고 문학의 보편성을 파악하기 위한 탈경계가 요구된다.

이를 수용하기 위해서는 전통적인 문학 담론의 타자를 올바르게 설정하고 지역 문학의 정체성을 상실하지 않는 범위에서 가로지르기·비틀어짜기 등 몇 가지 기법을 필요로 한다.

인터넷의 발달로 인한 새로운 문학 담론의 전개 등은 시간 체계의 다양한 변화와 함께 영역간의 경계를 경계를 가로질러 여러 요소들이 횡행하게 한다. 감성과 지성 등을 강조하던 이전의 사조는 他者의 등장으로 담론에 새로운 변화를 가져왔다. 타자는 주체와 관련된 객관적 시각을 제공하며, 주체와 타자의 대비를 통하여 존재의 본질을 향한 새로운 시각을 제공한다. 이 때문에 라캉은 '나는 생각한다, 고로 존재한다'는 데카르트의 통합된 주체를 '나는 내가 생각하지 않는 곳에 존재한다'는 식으로 바꾼다. 바라보기만 하는 '나'가 아니라 보여짐을 당하는 '나'도 있다는 주체의 객관화이다.[1]

따서 먹으면 자는 듯이 죽는다는

붉은 꽃밭 사이 길이 있어

아편 먹은 듯 취해 나자빠진

---

[1] 권택영, 〈영화와 소설 속의 욕망 이론〉(서울: 민음사, 1997), 79쪽.

능구렁이 같은 등어릿길로

님은 달아나며 나를 부르고…

强한 향기로 흐르는 코피

두 손에 받으며 나는 쫓느니

밤처럼 고요한 대낮에

우리 둘이는 왼 몸이 달아….

―서정주, [대낮] 전문

  여기서 화자는 주체이고 임은 욕망의 대상이다. 임은 주체가 욕망을 가지게끔 영향을 미치는 존재이다. 그래서 화자는 임의 부름에 '强한 향기로 흐르는 코피'를 '두 손에 받으며' 쫓아간다. 그만큼 임은 주체에 영향을 미친다. 주체의 동물같은 본성이 살아나고 불같은 열정을 느낄 수 있는 것도 임 때문이다.

  그런데 주체는 임이라는 대상에 가 닿기 위하여 또다른 '나'인 타자를 필요로 한다. 여기서 주체를 대신하는 타자는 '아이'가 된다. 아이가 가지고 있는 순수성, 발랄함은 사물을 있는 그대로 받아들이는 '상상계'(자크 라캉이 말하는 '상상계'는 사물을 있는 그대로 받아들이는 어린 아이와 같은 시선을 가진다)[2]를 닮아 있다. 타자는

---

2 주체는 대상에게 욕망을 느낀다. 그것이 자신의 결핍을 완전히 채워줄

주체에게 생기 발랄한 본성을 되찾게 해 준다. 가령 일제 식민지라는 암울한 상황에서는 심리가 왜곡될 수밖에 없다. 개인의 심리가 우울하고 수치와 분노를 느끼며 나르시시즘에 빠지는 것도 이 때문이다. 이러한 상황에서 건강한 심리를 회복하는 것은 주체의 힘만으로는 불가능하다. 이에 타자가 등장한다. 타자인 '아이'가 주체를 대신하여 명랑성과 발랄함을 제시한다. 그러므로 주체가 타자에 다가서는 것은 타자가 가지고 있는 속성을 주체에서 발견하는 것이요, 주체의 변화를 가능하게 하는 것이다.

이와 같이 현대시는 타자의 시선과 탈경계를 통하여 실재에 나아가는 길을 모색한다. 다양한 시선이 혼란스럽게 느껴지지 않는 것은 그것이 인간의 보편성과 연결

것이라고 믿기 때문이다. 그것만 얻으면 아무 것도 욕망하지 않으리라 믿는다. 그러나 그 대상을 얻어도 욕망은 여전히 남는다. 아무 것도 욕망하지 않는 것은 곧 죽음이다. 이 욕망과 타자는 존재의 본질을 알기 위하여 필요한 것이기도 하다.

생후 6개월에서 18개월 사이의 어린아이는 거울 속에 비친 자신의 모습을 보고 환호성을 올리며 반가워한다. 아이는 그 속에 비친 자신의 모습을 자신과 완전히 동일시하는데 라캉은 이 단계를 '거울단계 mirror-stage'라고 하여 주체의 형성에 원천이 되는 모형으로 제시한다. 이 단계에서 아이는 자신의 몸을 가눌 수는 없지만 거울에 비친 자신의 이미지를 총체적이고도 완전한 것으로 가정한다. 유아는 타자와 자신을 동일시하기에 자신의 욕망을 타자의 욕망에 종속시킨다. 이 거울 단계는 '상상계'라고도 하는데 이 단계는 '상징계'로 진입하면서 사회적 자아로 굴절된다. 언어의 세계요, 질서의 세계인 상징계로 진입한다. 상징계에서는 타인과의 관계를 통해서 사물을 파악한다. 이 거울 단계는 사라지거나 프로이트의 경우처럼 억압되는 것이 아니라 변증법적으로 연결된다. 라캉에게 '실재계'는 상상계와 상징계가 뫼비우스의 띠처럼 변증법적으로 연결되어 이루어진다.

되어 있기 때문이다. 보편적 경험 양식으로서의 원형의 추구가 해체나 탈경계, 타자, 가로지르기 등을 통한 보다 확산되고 심화된 영역에서 이루어질 때 실재에 닿을 수 있는 것이다.

2. 삶과 죽음의 탈경계

황지우는 주체와 타자, 삶과 죽음 사이에 경계를 드러내 놓고 탈경계를 시도한다.

> 흔적도 없이 지나갈 것
>
> 아내가 말했었다 "당신은 이 세상에 안 어울리는 사람이야
> 당신, 이 지독한 뜻을 알기나 해?"
> 괘종시계가 두 번을 쳤을 때
> 울리는 실내: 그는 이 삶이 담긴 연약한 膜을 또 느꼈다
> 2미터만 걸어가면 가스 밸브가 있고
> 3미터만 걸어가도 15층 베란다가 있다
>
> 지나가기 전에 흔적을 지울 것
>
> 괘종시계가 들어가서 아직도 떨고 있는 거울
> 에 담긴 30여 평의 삶: 지나치게 고요한 거울
> 아내에게 말했었다: "그래, 내 삶이 내 맘대로 안 돼!"

> 서가엔 마르크시즘과 관련된 책들이 절반도 넘게
> 아직도 그대로 있다
> 석유 스토브 위 주전자는 김을 푹푹 내쉬고
> 　　―황지우, 「거울에 비친 괘종시계」 부분[3]

  화자와 아내 사이에 경계가 있다. 화자는 이상적 삶을 소망하고, 아내는 현실적 삶을 산다. 아내는 화자에게 "당신은 이 세상에 안 어울리는 사람"이라고 말한다. 그래서 화자는 죽음을 욕망한다. '2미터만 걸어가면 가스 밸브가 있고／ 3미터만 걸어가도 15층 베란다가 있다.' 프로이트에 의하면 '죽음만이 욕망을 충족'[4]시킨다. 삶과 죽음, 이상적 삶과 현실적 삶을 드러낸다는 것은 실재계[5]를 모색하는 것이며, 타자를 통한 보여짐이 있는 단계이다. 타자를 통하여 보여짐이 있다는 것은 그만큼 존재의 본질에 객관적으로 다가설 수 있을 것이다. 그래서 죽음은 삶을 바라보는 타자가 되어 주체의 본질을 모색하게 한다.

---

3 황지우, 〈어느 날 나는 흐린 酒店에 앉아 있을 거다〉(서울: 문학과지성사, 1999), 85쪽.
4 권택영, 전게서, 78쪽.
5 권택영, 전게서, 78쪽. 대상을 실재라고 믿고 다가서는 과정이 상상계요, 그 대상을 얻는 순간이 상징계요, 여전히 욕망이 남아 그 다음 대상을 찾아나서는 게 실재계이다.

3. 은유를 통한 이미지의 탈경계

  은유는 주체의 욕망을 충족시킬 것처럼 보이는 대상, 즉 대체가 가능하리라 믿는 단계이다. 그러나 충족시키지 못하고 다시 또 그 다음 대상으로 자리를 바꾸는 전치, 이것이 환유이다. 이렇게 볼 때 임보의 시는 공간의 대비를 통하여 대체가 가능한 세계로 비약해 가는 특징을 가지고 있다.

> 동풍에 돛을 달아 호수를 건넌다
> 돛대 끝에 귤빛 노란 해가
> 한나절쯤 매달려 따라온다
> 연안에 배를 대고
> 녹색의 매끄러운 계곡을
> 한 사나흘 기어올랐던가
> 千仞斷崖 맨끝에서 누군가
> 千里鏡으로 밑을 살피다 소리친다
> 연잎이야, 연잎!
> 우리가 돛을 꽂았던 호수는
> 연잎에 고인 한 방울의 물이다.
>
>   -임보, 「연잎」 전문

  '동풍에 돛을 달아 호수를 건'널 정도로 호수가 넓다. '千仞斷崖'일 정도로 높이가 높은 공간이어서 千里鏡으

로 바라보아야 한다. 그런데 그토록 광대하던 공간이 다른 시각에서 바라보니 '연잎에 고인 한 방울의 물이다.' 한 방울의 물이 상상력과 비약으로 호수로 대체된 것이다. 두 사물 사이에는 경계가 있지만 '물'이라는 공통 분모가 있기에 은유가 가능하다. 그것은 개인의 내면 세계에서 환유를 가능하게 한다.

> 몸 속의 바다는 말라 있다
> 마른 바다에서 멀리 신기루
> 우리는 함께 벌거벗은 채
> 파도를 탄다 달빛이 우리의
> 벗은 몸을 씻는다 우리의 두 꼬리가
> 황금빛 바다를 탕탕 친다
> 밝은 새들이 몸 밖으로
> 튀어오르고 파일럿 피시들은 언제나
> 우리 배 밑을 간지른나
>
> 이 수족관 내부는 나선형으로 되어 있다
> 수족관 밖 멀리 남태평양쯤에서 상어가 울면
> 수족관 속 상어는 나선형 기둥을 타고 굽이굽이 내려간다
> 심해의 방까지 매순간 울음 소리 타고 내려가지만
> 가도가도 메마른 바다 삶은 언제나 죽음의 나선형 주머니,
> 그 안에 들어 있었나

> 상어 한 마리
>
> 내 발가락쯤에서 다시 올라온다
>
> 태초의 바다는 어쩌자고
>
> 저리도 슬픈 것들을 불쑥불쑥 뱉어냈을까
>
> 또 상어 한 마리 뱃속을 훑어 내려가고
>
> 저 멀리 남태평양쯤에서 누군가
>
> 나를 향해 헤엄쳐오고 있다
>
> 밤에도, 검푸른 바다를 건너, 얼음을 밀며
>
>   -김혜순, [수족관 밖의 바다] 전문

1연은 과거의 바다를 회상하는 것이며, 2연은 수족관의 내부를 바라보면서 바다를 연상하는 것이며, 3연은 미래를 상상하는 것이다. 여기서 1,2연은 인체와 관련시켜 몽상한 것이며, 3연은 정신적인 상상을 형상화한 것이다. 곧 여러 대비된 세계를 인체의 감각과 관련시켜 말함으로써 주체의 해체를 요구하고 있다. 해체는 실재를 발견하게 하는 탈경계의 한 방식이다.

4. 장르의 탈경계

현대시에서 경계는 시의 실재를 모색 하는 디딤돌이 될 수 있을 것이다. 본문에서는 주체와 타자, 공간과 공간, 이미지와 이미지, 사물과 언어 간의 경계를 확인하

며 탈경계의 시선을 회복하고, 시에 놓인 실재를 모색하는 작품들을 분석하여 보았다. 이제 경계는 이미지나 사물, 이미지와 언어의 경계를 넘어서서 장르간의 탈경계를 모색하는 계기가 될 수 있을 것이다. 시가 이미지와 언어와 서정성, 회화성과 음악성만으로 운용되던 시기는 지났다. 시에 소설적인 스토리나 팩트가 들어갈 수 있으며, 극적인 구성과 모티프가 짜임새 있게 형상화될 수도 있는 것이다.

  필자가 말하는 탈경계는 경계를 벗어나는 것이 아니라 경계의 안과 밖을 초연해서 바라보는 시선이다. 남과 북으로 분단의 현실을 살고 있는 한국인에게는 나라의 안과 밖을 초연해서 세계 정세나 사물을 보는 시선이 필요하다. 특히 작가에게는 현실과 상상, 주체와 타자, 삶과 죽음 등을 초연해서 존재와 사물의 본질을 모색하는 시선이 요구된다. 실재를 모색하기 위해서는 기표와 기의의 자의적 관계에서 생긴 편견을 해체하여 사물의 본질을 들여다보는 시선이 요구된다. 시의 틀에 시의 이미지와 소설적 스토리와 극적 구성과 담론을 병치시킴이 가능한 것도 디지털 시대에 탈경계의 시선이 있어서 가능한 것이다. 인간과 AI, 현실과 환상, 웹툰과 드라마를 넘나드는 창의가 가능한 것도 탈경계의 시선이 있기에 가능한 것이다. 그렇다면 장르를 뛰어넘어 독자를 감동시키는 탈경계의 장르를 열어 갈 수도 있을 것이다.